상상력을 키워주는

하루 한 장 초등 글쓰기

지은이 / 박재찬(달리쌤)

아이들과 글로 이야기하는 걸 좋아하는 교사다. 글을 가지고 아이들과 꽁냥꽁냥 하는 걸 즐긴다. 어느덧 교사로서 아이들을 만나온 지 12년이나 되었다.

"I am not strange, I am just not normal."이라는 명언을 남긴 에스파냐의 초현실주의 화가 살바도르 달리를 오마주하여 '달리쌤'이라는 닉네임을 스스로 정했다. 이 책『상상력을 키워주는 하루 한 장 초등 글쓰기』에 나온 질문들도 초현실주의자들이 즐겨 사용하던 '데페이즈망'이라는 기법을 사용하여 만들었다. 'not normal'한 생각을 통해 상상력이 생겨난다고 믿고 있으며, 학급의 모든 학생들이 웃으면서 신나게 글쓰기를 하는 'not normal'한 공상을 자주 한다.

"어떻게 하면 글쓰기를 싫어하는 초등학생들이 글쓰기를 좋아하게 만들 수 있을까?"라는 질문에 대한 답을 찾아가는 과정에서『상상력을 키워주는 하루 한 장 초등 글쓰기』와『창의력을 키워주는 하루 한장 초등 글쓰기』를 펴냈다. 이 책이 징검다리가 되어, 무라카미 하루키나 베르나르 베르베르보다 탁월한 소설가가 우리 반에서 탄생하길 바라고 있다.

그린이 / 이임하

생각을 담는 일러스트레이터.『세계명작 컬러링북』,『우리동요 컬러링북』 등을 출간했으며,『상상력을 키워주는 하루 한 장 초등 글쓰기』에 그림을 그렸다.

상상력을 키워주는
하루 한장
초등 글쓰기

하루 한장 초등 글쓰기 밴드

달리플래닛 블로그

초 판 1쇄 발행 2020년 7월 20일
개정판 11쇄 발행 2025년 5월 14일

지은이 박재찬
그린이 이임하

펴낸이 이형세
펴낸곳 테크빌교육㈜
책임편집 이윤희 | **디자인** 어수미
테크빌교육 출판 서울시 강남구 언주로 551, 5층 | **전화** (02)3442-7783 (142)

ISBN 979-11-6346-095-4 73700
책값은 뒤표지에 있습니다.

테크빌교육 채널에서 교육 정보와 다양한 영상 자료, 이벤트를 만나세요!

블로그 blog.naver.com/njoyschoolbooks
페이스북 facebook.com/teacherville
티처빌 teacherville.co.kr
쌤동네 ssam.teacherville.co.kr
티처몰 shop.teacherville.co.kr

※ 이 책은『상상력을 키워주는 초등학생 글쓰기 192』(2018, BOOKK[부크크])의 개정 복간 도서입니다.

짧은 글이라도 직접 쓰는 것이 중요하다!

상상력을 키워주는

하루 한장

초등 글쓰기

글쓰기 질문 100

박재찬 지음 | 이임하 그림

테크빌교육

머리말

여러분은 글쓰기를 좋아하나요? 우리 반 친구들 중에서 글쓰기를 좋아한다고 이야기한 학생은 다섯 명뿐이었습니다. 왜 좋아하는지 그 이유를 물어봤습니다. 다섯 명 모두 "재미있어서"라고 대답했습니다. 글쓰기를 좋아하지 않는다고 한 다른 친구들은 어떻게 이야기했을까요? "재미없어서" 글쓰기가 좋지 않다고 대답했습니다.

글쓰기는 재미있는 것일까요? 재미없는 것일까요?

솔직히 말하자면, 선생님인 저도 잘 모르겠습니다. 재미있을 때도, 재미없을 때도 있었기 때문입니다.

이런 글쓰기를 할 때는 재미있었습니다.

1. 세상에 없는 이야기를 상상해서 쓸 때
2. 내가 쓰고 싶은 이야기를 쓸 때
3. 재미있는 주제로 글을 쓸 때

이런 글쓰기를 할 때는 재미없었습니다.

1. 엄마가 쓰라고 해서 쓸 때
2. 선생님이 내준 글쓰기 숙제를 할 때

3. 재미없는 주제로 글을 쓸 때

여러분도 저와 비슷하게 생각하나요? 글쓰기는 머릿속에 들어 있는 생각을 눈으로 볼 수 있게 밖으로 꺼내는 활동입니다. 그래서 쉽지 않습니다. 부모님이나 선생님처럼 누군가가 시켜서 해야 할 때는 더 어렵습니다. 그리고 쓰기도 싫습니다. 내가 스스로 쓰려고 노력해야 합니다. 그래야 글쓰기를 재미있는 것이라고 생각할 수 있습니다.

매일 아침 하루 한 장 글을 써보다

매일 아침 20분씩 하루 한 장 글쓰기를 하다 보니, 우리 반에서 글쓰기를 좋아하는 친구가 다섯 명에서 열다섯 명으로 늘어났습니다. 갑자기 몇 배로 늘어나서 저도 깜짝 놀랐습니다. 왜 좋아하게 되었는지 물어봤습니다. 매일 아침 쓰다 보니 그냥 좋아하게 되었다고 대답했습니다. 하루에 한 편씩 쓰지 않으면 뭔가 허전하다고 했습니다. 이 학생들에게 어떤 일이 있었던 것일까요?

비밀은 이 책 속에 담겨 있습니다.

하루 한 장 글쓰기를 하게 되는 방법!

글쓰기를 좋아하게 되는 마법 같은 방법!

모든 초등학생들이 재미있고 신나게 글을 쓸 수 있는 방법을 고민하다 이 책을 만들게 되었습니다. 또한 하루에 한 번은 어떤 주제에 대해 가만히 생각해보고 나만의 생각을 표현해보는 시간을 갖기를 바라는 마음에서 '글쓰기 질문'을 만들게 되었습니다. 주어진 시간 동안 한 편의 글을 꼭 완성하지 않아도 괜찮습니다.

이 책과 함께 세상에 나만의 이야기를 상상해보고, 생각만으로도 웃음이 나는 글쓰기 시간을 가져보세요.

글쓰기는 재미있고 신나는 것입니다.

참고문헌

826 VALENCIA (2016), 『창의력을 키우는 초등 글쓰기 좋은 질문 642』, 넥서스Friends

민상기 (2015), 『현직 초등교학교 선생님이 알려주는 초등학생이 좋아하는 글쓰기 소재 365』, 연지출판사

인텔리전트 체인지 저 · 정지현, 정은희 역 (2017), 『하루 5분 아침 일기』, 심야책방

차례

매일 하루 한 장 꾸준히 글을 쓰다 보면

하루 한 장 글쓰기 습관

우리 아이들에게 변화가 생깁니다.

첫째 1

창의적인 사람이 됩니다.

상상해보는 연습을 많이 할수록 창의성이 길러진다고 합니다. "만약 ~한다면?", "어떻게 해보고 싶나요?"와 같은 질문은 상상력을 풍부하게 해주는 질문입니다. 이런 질문에 대한 답을 글로 써보는 것은 창의성을 길러주는 훌륭한 연습입니다.

둘째 2

나만의 추억, 역사가 생깁니다.

내가 가지고 있는 생각들이 이 책 속에 하나하나 쌓이게 됩니다. 내가 좋아하는 음식, 운동, 연예인, 친구들에 대한 이야기가 가득 담긴 한 권의 책을 써나가게 됩니다. 이 책은 세상에 하나뿐인 소중한 나의 역사가 됩니다.

셋째 3

자신의 생각이나 감정을 잘 표현하는 사람이 됩니다.

우리는 말과 글을 통해 다른 사람들과 생각과 감정을 주고받습니다. 생각을 표현하는 것에는 연습이 필요합니다. 글쓰기는 좋은 연습 방법입니다. 풍부하게 상상해서 자신의 생각을 적어보세요. 내 글을 읽은 사람들은 내가 어떤 생각을 가진 사람인지 잘 이해할 수 있게 됩니다. 그리고 그것은 앞으로 나의 진로에 큰 도움이 됩니다.

글을 더 쉽게 쓸 수 있는 방법을 소개합니다.

더 쉬운 글쓰기 방법

첫째 1

내 이야기를 씁니다.

모든 내용을 머릿속으로 상상해서 쓸 수는 없습니다. 그동안 내가 경험했던 일들을 떠올려보세요. 다른 사람에게서 듣거나 TV에서 본 이야기보다 자기가 직접 경험한 이야기를 쓰는 것이 좋습니다.

둘째 2

자세히 씁니다.

그림을 그리듯이 생생하게 써보세요. "내 여동생은 예쁘다." 보다는 "내 여동생은 공주처럼 쌍꺼풀진 큰 눈에 눈처럼 흰 피부를 가지고 있다. 그래서 예쁘다."처럼 자세하게 써보세요. 이런 글은 읽는 사람도 재미있습니다.

셋째 3

솔직하게 씁니다.

솔직하고 정직하게 씁니다. 자신이 느낀 기분, 생각 등을 꾸며서 쓰지 말아야 합니다. 좋아하는 것은 좋다, 싫어하는 것은 싫다고 자신 있게 써보세요. 글은 자신이 어떤 사람인지를 보여주는 거울입니다.

초등학생들이 들려주는 글쓰기 비법

마음대로 써라!

아침 글쓰기는 자기 마음대로 쓰는 것이다. 그래야 잘 써진다.

평소에 많이 놀아라!

평소에 영화도 많이 보고, 책도 많이 읽고, 많이 놀아야지 글쓰기를 더 잘 할 수 있다. 생각을 더 잘 할 수 있는 비법이다.

_ 송연수

나에게 일어난 일이라고 상상해보자!

글쓰기 주제는 단순한 글이 아니다. 실제로 나에게 일어난 일이라고 상상하며 쓰면 더 쉽게 쓸 수 있다.

읽어보며 써보자!

글을 쓰다가 막힐 땐 자기 글을 쭉 읽어보자! 지금까지 쓴 글에서 힌트를 얻을 수도 있고, 똑같은 말을 반복하는 것을 피할 수 있다.

부담감을 버리자!

급하게 쓸 필요도 없고, 끝까지 모두 채울 필요도 없다. 부담을 느끼지 말고 쓰고 싶은 대로 써보자.(단, 대충 쓰라는 말은 아님)

_ 길담희

그림과 같이 써보자!

글에 맞는 그림을 그리다 보면 생각이 더 잘 난다.

친구들이 어떻게 썼는지 구경해보자!

생각이 안 날 때는 친구들의 글을 읽어보자. 그러다 보면 어떻게 써야 할지 감이 딱! 온다.

_ 전효정

아침 시간 안에 끝내라!

1교시 시작 전 무조건 끝낸다고 생각하자. 반드시 써야 한다고 생각하다 보면 뭔가 손이 빨라지면서 아이디어가 떠오른다.

친구들의 글쓰기를 많이 읽어보자!

친구들의 글쓰기를 통해 두 가지를 배울 수 있다. 자기 글에서 고쳐야 할 점과 더 쓰고 싶은 점.

_ 조현서

책이나 영화에서 아이디어를 얻자!

생각이 잘 안 나면 옛날에 봤던 책이나 영화를 떠올려보자.

_ 최성욱

번호를 매기며 써보자!

여러 가지 방법을 생각해야 할 때는 번호를 매기면서 써보자. 더 쉽고 다양하게 아이디어를 떠올릴 수 있다.

_ 송하진

이 책의 사용법

001 이 글을 쓴 오늘은 ① 년 월 일

만약 선생님이 100만 원을 준다면 어디에 어떻게 사용하고 싶나요?

②

글쓰기에 정답은 없다!
생각나는 내용들을
자유롭게 적어보세요!
글쓰기가 너~무
어려운 날에는
그림을 그려보세요!

②

멋진 생각, 멋진 문장, 멋진 단어를 칭찬해보세요!

③

① 글을 쓴 날짜를 기록하세요!

002

이 글을 쓴 오늘은 년 월 일

두 가지 중 반드시 하나를 선택해야 합니다. '카레 맛' 나는 똥과 '똥 맛' 나는 카레가 있습니다. 어느 것을 먹을 건가요? 그리고 그 이유는 무엇인가요?

③ 내가 쓴 글을 다른 사람들과 공유할수록 글쓰기 실력이 좋아집니다. 나 또는 친구들의 글을 읽고 멋진 생각, 문장, 단어를 칭찬해보세요!

멋진 생각, 멋진 문장, 멋진 단어를 칭찬해보세요!

예시

나와의 약속

나 김 아 름 은/는 3월 10일 부터 시작해 하루 한 장씩 글쓰기를 하겠다는 것을 약속합니다.

글쓰기는 나에게 이런 도움을 줍니다.

하나, 상상력을 키워 줍니다.
둘, 생각을 글로 정리할 수 있게 해줍니다.
셋, 매일 꾸준히 하는 습관을 길러줍니다.

나는 매일 아침 시간에 글쓰기를 하겠습니다.

매일 한 편씩 빼먹지 않고 글을 쓴다면 보상으로
친구들과 30분씩 운동장에서 놀겠 습니다.

만약, 매일 한 편씩 글쓰기를 하지 않는다면
점심시간, 쉬는 시간에 놀지 않고 글쓰기를 하겠 습니다.

약속은 스스로 지키는 것입니다.

서명 김 아 름

나와의 약속

나 __________ 은/는 __________ 부터 시작해 하루 한 장씩
글쓰기를 하겠다는 것을 약속합니다.

글쓰기는 나에게 이런 도움을 줍니다.

____

____

____

나는 _______________ 시간에 글쓰기를 하겠습니다.

매일 한 편씩 빼먹지 않고 글을 쓴다면 보상으로
______________________________________ 습니다.

만약, 매일 한 편씩 글쓰기를 하지 않는다면
______________________________________ 습니다.

약속은 스스로 지키는 것입니다.

서명_____________

상상력을 키워주는

글쓰기 질문 100

하루 한 장, 20분 동안 상상력 글쓰기를 해보세요.

매일 한 가지 질문을 보면서, 답을 상상해보고,
자유롭게 써보세요.

세상에 없는 이야기를 상상해보면서,
생각만으로도 웃음이 나는 시간을 가져보세요.

한 편의 글을 꼭 완성하지 않아도 좋아요.

상상력 글쓰기는 즐거운 시간이어야 하니까요.

자, 이제 글을 써볼까요? ^^

예시. 1

000

이 글을 쓴 오늘은 년 월 일

두 가지 중 반드시 하나를 선택해야 합니다. '카레 맛' 나는 똥과 '똥 맛' 나는 카레가 있습니다. 어느 것을 먹을 건가요? 그리고 그 이유는 무엇인가요?

나는 똥 맛 나는 카레를 먹을 것이다. 그 이유는 두 가지다.

하나, 나는 비위가 매우 약하다. 오히려 카레 맛 나는 똥을 먹다가 되려 토할 수도 있다.

둘, 똥 맛 나는 카레에는 분명 똥이 섞였을 것이다. 그럼 그 섞인 양의 몇 배가 되는 카레 가루를 첨가하면 똥 맛은 안나고 카레 맛만 날 것이다.

멋진 생각, 멋진 문장, 멋진 단어를 칭찬해보세요!

둘 다 안 먹고 싶었지만 하나를 선택한 나를 칭찬합니다.
그리고 카레 가루를 뿌려 먹으면 얼마나 맛있는지
친구들에게 널리 알려주는 내가 멋지다고 생각합니다.

예시 1. 2

000

이 글을 쓴 오늘은 년 월 일

숟가락과 젓가락이 싸우고 있습니다. 둘 사이에 어떤 일이 있었던 것일까요?

숟가락과 젓가락이 서로 싸웠다는 이야기를 들었다. 나는 현장에 가서 직접 인터뷰를 해야겠다고 생각했다. 싸움 현장에 갔더니 숟가락, 젓가락 둘 다 상처투성이였다.

숟가락에게 물어봤다. "어떤 일이 벌어진 건가요?"

숟가락이 대답했다. "말도 마세요. 저 젓가락이 얼마나 욕심쟁이인지. 아휴."

젓가락에게 물어봤다. "어떤 일이 벌어진 건가요?"

젓가락이 대답했다. "숟가락 씨가 반찬을 숟가락으로만 먹으니까 너무 짜증이 나는 거예요. 그래서 제가 때렸습니다."

인터뷰가 끝나고 알게 되었다. 숟가락과 젓가락이 왜 싸우게 되었는지를.

왜 둘은 별것도 아닌 일로 싸운 걸까?

멋진 생각, 멋진 문장, 멋진 단어를 칭찬해보세요!

숟가락과 젓가락이 싸운 이유를 상상해서 쓴 나를 칭찬한다.
특히 반찬을 숟가락으로만 먹어서 싸우게 되었다는 생각을 해내서 뿌듯하다.

001

이 글을 쓴 오늘은 　　년 　　월 　　일

만약 선생님이 100만 원을 준다면 어디에 어떻게 사용하고 싶나요?

멋진 생각, 멋진 문장, 멋진 단어를 칭찬해보세요!

002

이 글을 쓴 오늘은 년 월 일

두 가지 중 반드시 하나를 선택해야 합니다. '카레 맛' 나는 똥과 '똥 맛' 나는 카레가 있습니다. 어느 것을 먹을 건가요? 그리고 그 이유는 무엇인가요?

멋진 생각, 멋진 문장, 멋진 단어를 칭찬해보세요!

003

이 글을 쓴 오늘은 년 월 일

세상이 반으로 나뉘었습니다. 땅에는 밤이 찾아와 가로등에 불이 들어왔습니다. 그런데 하늘에는 밝은 해가 높이 떠 있습니다. 이게 어떻게 된 일일까요?

멋진 생각, 멋진 문장, 멋진 단어를 칭찬해보세요!

004

이 글을 쓴 오늘은 년 월 일

인터넷 뉴스의 첫 화면에 내 사진이 크게 나왔습니다. 대체 무슨 일 때문일까요?

멋진 생각, 멋진 문장, 멋진 단어를 칭찬해보세요!

005

이 글을 쓴 오늘은 년 월 일

'치킨 금지령'이 내려져 다음 주부터 치킨을 먹을 수 없다고 합니다. 앞으로 어떤 일이 일어날까요?

멋진 생각, 멋진 문장, 멋진 단어를 칭찬해보세요!

006

이 글을 쓴 오늘은 년 월 일

나와 내 친구들만 알고 있는 우리 학교 비밀 공간은 어떤 곳인가요? 그곳이 비밀 공간인 이유를 써보세요.

멋진 생각, 멋진 문장, 멋진 단어를 칭찬해보세요!

007

이 글을 쓴 오늘은 년 월 일

이순신 장군이 내일 우리 집에 온다고 합니다. 어떤 이야기를 하고 싶나요?

멋진 생각, 멋진 문장, 멋진 단어를 칭찬해보세요!

008

이 글을 쓴 오늘은 년 월 일

아침에 눈을 떠보니 옆에서 망아지 한 마리가 잠을 자고 있습니다. 망아지가 내 옆에서 잠을 자고 있는 이유는 무엇일까요?

멋진 생각, 멋진 문장, 멋진 단어를 칭찬해보세요!

009

이 글을 쓴 오늘은 년 월 일

내가 좋아하는 음식에게 고마운 마음을 담아 편지를 써보세요.

멋진 생각, 멋진 문장, 멋진 단어를 칭찬해보세요!

010

이 글을 쓴 오늘은 년 월 일

나는 내일부터 우리 반 담임 선생님입니다. 무엇이든지 가르칠 수 있습니다. 친구들에게 어떤 것을 가르쳐주고 싶나요?

멋진 생각, 멋진 문장, 멋진 단어를 칭찬해보세요!

011

이 글을 쓴 오늘은 년 월 일

내가 가지고 있는 물건 중에서 가장 소중한 것은 무엇이고, 그 이유는 무엇인가요?

멋진 생각, 멋진 문장, 멋진 단어를 칭찬해보세요!

012

이 글을 쓴 오늘은 년 월 일

진실과 거짓을 섞어서 말하는 '진진가'라는 게임이 있습니다. 나에 대한 진실 네 가지와 거짓 한 가지를 써볼까요?

멋진 생각, 멋진 문장, 멋진 단어를 칭찬해보세요!

013

이 글을 쓴 오늘은 　　년 　　월 　　일

내 몸이 아주 작아진 채로 물고기 10마리가 살고 있는 어항 속에 들어가게 되었습니다. 어떤 일이 생길까요?

멋진 생각, 멋진 문장, 멋진 단어를 칭찬해보세요!

014

이 글을 쓴 오늘은 년 월 일

세상에서 가장 아름다운 모습을 한 장의 사진으로 남겨야 한다면 어떤 모습을 찍어 보고 싶나요?

멋진 생각, 멋진 문장, 멋진 단어를 칭찬해보세요!

015

이 글을 쓴 오늘은 년 월 일

가장 좋아하는 책의 제목은 무엇인가요? 어떤 내용을 담고 있나요?

멋진 생각, 멋진 문장, 멋진 단어를 칭찬해보세요!

016

이 글을 쓴 오늘은 년 월 일

교실에서 풀이 자라고 토끼가 뛰어다닌다면 어떤 공부를 하는 게 좋을까요?

멋진 생각, 멋진 문장, 멋진 단어를 칭찬해보세요!

017

이 글을 쓴 오늘은 년 월 일

책상 서랍에 비밀 편지가 들어 있습니다. 편지에는 무슨 내용이 쓰여 있나요?

멋진 생각, 멋진 문장, 멋진 단어를 칭찬해보세요!

018

이 글을 쓴 오늘은 　　년 　　월 　　일

순가락과 젓가락이 싸우고 있습니다. 둘 사이에 어떤 일이 있었던 것일까요?

멋진 생각, 멋진 문장, 멋진 단어를 칭찬해보세요!

019

✎ 이 글을 쓴 오늘은 년 월 일

어린이들은 치과에 가는 걸 무서워합니다. 내가 병원 공간을 만드는 디자이너라면 무섭지 않은 치과를 어떻게 만들 수 있을까요?

멋진 생각, 멋진 문장, 멋진 단어를 칭찬해보세요!

020

이 글을 쓴 오늘은 년 월 일

억울한 누명을 쓰고 감옥에 갇히게 되었습니다. 어떤 사건 때문에 누명을 쓰게 되었을까요?

멋진 생각, 멋진 문장, 멋진 단어를 칭찬해보세요!

021

이 글을 쓴 오늘은 년 월 일

세상에서 가장 멋있는 직업은 어떤 것일까요? 그 이유는 무엇인가요?

멋진 생각, 멋진 문장, 멋진 단어를 칭찬해보세요!

022

이 글을 쓴 오늘은 년 월 일

숲에서 만난 아낌없이 주는 나무의 둥치에 앉았는데, 갑자기 나무 속으로 빨려 들어갔습니다. 눈을 뜨니, 전혀 다른 장소였습니다. 그곳은 어떤 곳인가요? 나에게 어떤 일이 벌어질까요?

멋진 생각, 멋진 문장, 멋진 단어를 칭찬해보세요!

023

이 글을 쓴 오늘은 년 월 일

내일부터 '고기 금지령'이 내려져서 채소만 먹으며 살아야 한다면 어떤 일이 벌어질까요?

멋진 생각, 멋진 문장, 멋진 단어를 칭찬해보세요!

024

이 글을 쓴 오늘은 년 월 일

상상해보세요. 나는 제주도 흑돼지입니다. 앞으로 어떤 인생을 살게 될까요?

멋진 생각, 멋진 문장, 멋진 단어를 칭찬해보세요!

025

이 글을 쓴 오늘은 년 월 일

세상 모든 사람들의 눈이 보이지 않게 되었습니다. 나만 빼고요! 어떤 일이 일어날 것 같나요?

멋진 생각, 멋진 문장, 멋진 단어를 칭찬해보세요!

026

이 글을 쓴 오늘은 년 월 일

'나도 멋지다'로 5행시를 써보세요.

멋진 생각, 멋진 문장, 멋진 단어를 칭찬해보세요!

027

이 글을 쓴 오늘은 년 월 일

모든 일이 잘 풀리게 해주는 나만의 요술 주문을 만들어보고, 그렇게 만든 이유를 써 보세요.

멋진 생각, 멋진 문장, 멋진 단어를 칭찬해보세요!

028

이 글을 쓴 오늘은 년 월 일

선생님에게 들키지 않고 수업 시간에 새우깡을 먹을 수 있는 방법이 있을까요?

멋진 생각, 멋진 문장, 멋진 단어를 칭찬해보세요!

029

이 글을 쓴 오늘은 년 월 일

아무도 없는 교실에선 어떤 일이 일어날까요?

멋진 생각, 멋진 문장, 멋진 단어를 칭찬해보세요!

030

이 글을 쓴 오늘은 년 월 일

비 오는 날에 운동장에서 체육을 할 수 있는 방법이 있을까요? 단, 체육 시간이 끝난 뒤, 감기에 걸리는 학생이 생겨서는 안 됩니다!

멋진 생각, 멋진 문장, 멋진 단어를 칭찬해보세요!

031

이 글을 쓴 오늘은 년 월 일

내가 무당벌레만큼 작아진다면 어디에서 어떻게 살아보고 싶나요?

멋진 생각, 멋진 문장, 멋진 단어를 칭찬해보세요!

032

이 글을 쓴 오늘은 년 월 일

어른이 되면 좋을까요? 어른의 좋은 점 다섯 가지는 무엇이라고 생각하나요?

멋진 생각, 멋진 문장, 멋진 단어를 칭찬해보세요!

033

이 글을 쓴 오늘은 년 월 일

거울과 가위바위보를 해서 이길 수 있는 방법은 무엇인가요?

멋진 생각, 멋진 문장, 멋진 단어를 칭찬해보세요!

034

이 글을 쓴 오늘은 년 월 일

나에게 미래를 볼 수 있는 능력이 생겼습니다. 우리 학교에서 가장 친한 친구에게 내일 어떤 일이 생길 것 같나요?

멋진 생각, 멋진 문장, 멋진 단어를 칭찬해보세요!

035

이 글을 쓴 오늘은 년 월 일

문어와 고래를 주인공으로 하는 재미있는 이야기를 써보세요.

멋진 생각, 멋진 문장, 멋진 단어를 칭찬해보세요!

036

이 글을 쓴 오늘은 년 월 일

하루 동안 나의 성별을 바꿔서 살 수 있다면 그렇게 해볼 건가요? 그렇다면 어떤 일을 해보고 싶나요?

멋진 생각, 멋진 문장, 멋진 단어를 칭찬해보세요!

037

이 글을 쓴 오늘은 년 월 일

자장면은 어떻게 먹는 것이 가장 맛있나요? 세상에서 가장 맛있게 자장면을 먹는 나만의 방법은 무엇인가요?

멋진 생각, 멋진 문장, 멋진 단어를 칭찬해보세요!

038

이 글을 쓴 오늘은 년 월 일

10년 뒤, 우리들이 사용하게 될 스마트폰은 어떤 기능을 가지고 있을까요?

멋진 생각, 멋진 문장, 멋진 단어를 칭찬해보세요!

039

이 글을 쓴 오늘은 년 월 일

꿈꾸는 대로 이루어지게 만들 수 있는 능력을 갖게 되었습니다. 어떤 꿈을 꾸고 싶나요? 영화를 보는 것처럼 생생하게 표현해보세요!

멋진 생각, 멋진 문장, 멋진 단어를 칭찬해보세요!

040

이 글을 쓴 오늘은 년 월 일

내가 먹은 인생 최고의 치킨에 대해 이야기해주세요. 언제 누구와 먹었나요? 어떤 치킨인가요?

멋진 생각, 멋진 문장, 멋진 단어를 칭찬해보세요!

041

이 글을 쓴 오늘은 년 월 일

내가 타고 가던 배가 침몰하게 되었습니다. 겨우겨우 구명보트에 올라탔지만 그 안에는 나와 사자 두 마리만 남게 되었습니다. 나는 살아남을 수 있을까요? 앞으로 어떤 일이 벌어질까요?

멋진 생각, 멋진 문장, 멋진 단어를 칭찬해보세요!

042

이 글을 쓴 오늘은 년 월 일

자고 일어났더니 내 키가 아파트 2층 높이가 되었습니다. 어떤 일을 해보고 싶나요?

멋진 생각, 멋진 문장, 멋진 단어를 칭찬해보세요!

043 이 글을 쓴 오늘은 년 월 일

나는 대한민국의 대표 파티시에로서 한국과 관련된 케이크를 만드는 프로젝트를 맡았습니다. 어떤 케이크를 만들고 싶은지 그 모양과 재료를 그림을 그리듯이 생생하게 적어보세요.

멋진 생각, 멋진 문장, 멋진 단어를 칭찬해보세요!

044

이 글을 쓴 오늘은 년 월 일

나에게 세상의 모든 사람들을 움직일 수 없게 만드는 초능력이 생겼습니다. 초능력을 이용해 어떤 일을 해보고 싶나요? 시간은 딱 한 시간뿐입니다.

멋진 생각, 멋진 문장, 멋진 단어를 칭찬해보세요!

045

이 글을 쓴 오늘은 년 월 일

내가 가장 싫어하는 것은 무엇인가요? 그것이 왜 싫은가요?

멋진 생각, 멋진 문장, 멋진 단어를 칭찬해보세요!

046

이 글을 쓴 오늘은 년 월 일

원하는 곳으로 나를 데려다줄 전용 비행기가 도착했습니다. 어디로 가서 어떤 일을 해보고 싶나요?

멋진 생각, 멋진 문장, 멋진 단어를 칭찬해보세요!

047

이 글을 쓴 오늘은 년 월 일

'선생님을 웃겨라!'라는 미션을 받았습니다. 어떻게 하면 선생님을 웃길 수 있을까요?

멋진 생각, 멋진 문장, 멋진 단어를 칭찬해보세요!

048

이 글을 쓴 오늘은 년 월 일

과거로 편지를 전달해주는 타임머신 우체통이 개발되었습니다. 조선시대 세종대왕님께 전하고 싶은 이야기를 편지로 써보세요.

멋진 생각, 멋진 문장, 멋진 단어를 칭찬해보세요!

049

이 글을 쓴 오늘은 년 월 일

우주여행 티켓에 당첨되었습니다. 꼭 가져가고 싶은 물건 세 가지와 그 이유를 써볼까요?

멋진 생각, 멋진 문장, 멋진 단어를 칭찬해보세요!

050

이 글을 쓴 오늘은 년 월 일

'맛없는 요리 만들기 세계 대회'에 나가게 되었습니다. 먹을 수는 있지만 최대한 맛없어 보이는 음식을 어떻게 만들 수 있을까요? 그 음식을 만드는 방법을 써보세요.

멋진 생각, 멋진 문장, 멋진 단어를 칭찬해보세요!

051

이 글을 쓴 오늘은 년 월 일

내가 살고 싶은 집은 어떤 모습인가요? 방의 개수, 주방과 거실, 욕실, 창고, 차고 등의 크기는 어떻게 되나요?

멋진 생각, 멋진 문장, 멋진 단어를 칭찬해보세요!

052

이 글을 쓴 오늘은 년 월 일

초등학생들이 가장 좋아하는 케이크는 어떤 모습이고 무슨 맛일까요?

멋진 생각, 멋진 문장, 멋진 단어를 칭찬해보세요!

053

이 글을 쓴 오늘은 년 월 일

지난주부터 내 등에서 날개가 자라나고 있습니다. 이대로라면 점점 커져서 날 수 있을 것 같은데, 하늘을 날 수 있는 날개를 갖게 된다면 어떤 일을 해보고 싶나요?

멋진 생각, 멋진 문장, 멋진 단어를 칭찬해보세요!

054

이 글을 쓴 오늘은 년 월 일

집은 꼭 네모 모양이어야 할까요? 동그란 달걀 모양의 집은 없을까요? 달걀 모양의 '에그 캡슐'이라는 집을 상상해보세요. 어떤 재료로 만들고 어떤 기능이 있는 집일까요?

멋진 생각, 멋진 문장, 멋진 단어를 칭찬해보세요!

055 **이 글을 쓴 오늘은 년 월 일**

한 살 아기도 꿈을 꿀까요? 꿈을 꾼다면 어떤 꿈을 꿀까요?

멋진 생각, 멋진 문장, 멋진 단어를 칭찬해보세요!

056

이 글을 쓴 오늘은 년 월 일

오늘 점심시간, 나는 우리 교실의 1일 DJ입니다. 어떤 음악을 틀고 싶나요? 음악을 추천하는 DJ 대본을 써보세요.

멋진 생각, 멋진 문장, 멋진 단어를 칭찬해보세요!

057

이 글을 쓴 오늘은 년 월 일

내가 초등학생이라서 싫었던 적이 있었나요? 무슨 일 때문이었나요?

멋진 생각, 멋진 문장, 멋진 단어를 칭찬해보세요!

058

이 글을 쓴 오늘은 년 월 일

이번 주에(또는 지난주에) 했던 일 중 후회되는 것은 어떤 일인가요?

멋진 생각, 멋진 문장, 멋진 단어를 칭찬해보세요!

059

이 글을 쓴 오늘은 년 월 일

미세먼지 농도가 해마다 높아지고 있습니다. 만약 미세먼지 문제를 해결하는 방법이 개발되지 않는다면 앞으로 10년 뒤 한국의 봄은 어떤 모습일까요?

멋진 생각, 멋진 문장, 멋진 단어를 칭찬해보세요!

060

이 글을 쓴 오늘은 년 월 일

문제의 정답이 내 이름이 되는 다섯 개의 문제를 만들어보세요. 예를 들어, "주말에 엄마가 끓여주는 라면을 가장 좋아하는 사람은 누구?" 이렇게 말이죠.

멋진 생각, 멋진 문장, 멋진 단어를 칭찬해보세요!

061

이 글을 쓴 오늘은 년 월 일

나와 똑같이 생긴 인공지능 로봇을 선물 받았습니다. 로봇에게 나를 대신해서 어떤 일을 시키고 싶나요?

멋진 생각, 멋진 문장, 멋진 단어를 칭찬해보세요!

062

이 글을 쓴 오늘은 년 월 일

아이언맨, 배트맨, 슈퍼맨과 같은 초능력을 가질 수 있는 기회가 생겼습니다. 어떤 초능력을 가지고 싶나요? 그리고 이러한 능력을 가진 나의 새 이름을 무엇으로 짓고 싶나요?

멋진 생각, 멋진 문장, 멋진 단어를 칭찬해보세요!

063

이 글을 쓴 오늘은 년 월 일

내가 백설공주의 일곱 난쟁이 중 일곱 번째 난쟁이라고 상상하면서, 백설공주에게 보내는 러브레터를 써보세요.

멋진 생각, 멋진 문장, 멋진 단어를 칭찬해보세요!

064

이 글을 쓴 오늘은 년 월 일

라이거는 사자와 호랑이 사이에서 태어난 동물입니다. 라이거처럼 두 가지 이상의 동물을 섞어 새로운 동물을 태어나게 만든다면 그 동물은 무엇이고, 어떻게 생겼을까요?

멋진 생각, 멋진 문장, 멋진 단어를 칭찬해보세요!

065

이 글을 쓴 오늘은 년 월 일

만약 지금 내가 가지고 있는 기억을 모두 가진 채로 여섯 살로 돌아간다면, 어떤 일을 해보고 싶나요?

멋진 생각, 멋진 문장, 멋진 단어를 칭찬해보세요!

066

이 글을 쓴 오늘은 년 월 일

강아지와 고양이 중 어떤 동물이 더 좋은가요? 왜 그렇게 생각하나요?

멋진 생각, 멋진 문장, 멋진 단어를 칭찬해보세요!

067

이 글을 쓴 오늘은 년 월 일

세상에서 가장 매운, 캡사이신(고추에 들어 있는 매운맛을 내는 성분)이 듬뿍 들어 있는 과자를 받게 되었습니다. 누구와 어떻게 먹어보고 싶나요?

멋진 생각, 멋진 문장, 멋진 단어를 칭찬해보세요!

068

이 글을 쓴 오늘은 년 월 일

하루 동안 아빠나 엄마로 살 수 있다면, 어떤 일을 해보고 싶나요? 그러면 어떤 마음이 들까요?

멋진 생각, 멋진 문장, 멋진 단어를 칭찬해보세요!

069

이 글을 쓴 오늘은 년 월 일

내가 알고 있는 진짜로, 정말로, 최고로 재미있는 이야기를 써보세요.

멋진 생각, 멋진 문장, 멋진 단어를 칭찬해보세요!

070

이 글을 쓴 오늘은 년 월 일

우리 학교에 탕수육이 주렁주렁 열리는 나무 여섯 그루가 생겼습니다. 이 나무를 어떻게 이용하면 좋을까요?

멋진 생각, 멋진 문장, 멋진 단어를 칭찬해보세요!

071

이 글을 쓴 오늘은 년 월 일

나는 치킨 프랜차이즈 업체의 광고 담당자입니다. 우리 회사의 치킨을 홍보하기 위한 노래의 가사를 떠올려보세요.

멋진 생각, 멋진 문장, 멋진 단어를 칭찬해보세요!

072

✎ 이 글을 쓴 오늘은 년 월 일

손으로 무언가를 만지면 그것을 사라지게 만드는 초능력이 생겼습니다. 오늘 하루 동안 어떻게 살고 싶나요?

멋진 생각, 멋진 문장, 멋진 단어를 칭찬해보세요!

073

✎ 이 글을 쓴 오늘은 년 월 일

올해 우리 반에서 일어난 최고의 사건 다섯 가지는 무엇인가요?

멋진 생각, 멋진 문장, 멋진 단어를 칭찬해보세요!

074

이 글을 쓴 오늘은 년 월 일

내 책상 서랍에 돼지 족발이 들어 있습니다. 이게 어떻게 된 일일까요?

멋진 생각, 멋진 문장, 멋진 단어를 칭찬해보세요!

075

이 글을 쓴 오늘은 년 월 일

나는 해수욕장에서 모래성을 짓고 있습니다. 어떤 모래성을 만들고 싶나요? 오늘은 특별히 그려보세요!

멋진 생각, 멋진 문장, 멋진 단어를 칭찬해보세요!

076

이 글을 쓴 오늘은 년 월 일

나는 분리수거 상자에 버려져야 하는 콜라 캔입니다. 그런데 지금 음식물 쓰레기 바구니 속에 담겨 있죠. 날 이곳에 버린 그 사람에게 불만이 잔뜩 담긴 편지를 써보세요.

멋진 생각, 멋진 문장, 멋진 단어를 칭찬해보세요!

077

이 글을 쓴 오늘은 년 월 일

마법의 지팡이가 생겼습니다. 이 지팡이로 어떤 마법을 부리고 싶나요?

멋진 생각, 멋진 문장, 멋진 단어를 칭찬해보세요!

078

이 글을 쓴 오늘은 년 월 일

초등학생들에게 '순간이동'을 할 수 있는 실내화가 생긴다면, 학교에서 어떤 일이 일어날까요?

멋진 생각, 멋진 문장, 멋진 단어를 칭찬해보세요!

079

이 글을 쓴 오늘은 년 월 일

나의 가장 친한 친구가 초콜릿에 중독되었습니다. 한 시간마다 한 번씩 초콜릿을 먹지 않으면 무척 힘들어하죠. 시간이 지날수록 친구는 뚱뚱해지고 이도 썩고 있습니다. 이 친구가 초콜릿을 그만 먹도록 설득하는 글을 써보세요.

멋진 생각, 멋진 문장, 멋진 단어를 칭찬해보세요!

080

이 글을 쓴 오늘은 년 월 일

기상이변으로 아프리카 사하라 사막에 눈이 왔습니다. 아프리카 사람들은 이 눈을 어떻게 사용할 것 같나요?

멋진 생각, 멋진 문장, 멋진 단어를 칭찬해보세요!

081

이 글을 쓴 오늘은 년 월 일

하늘을 나는 자전거를 갖게 되었습니다. 어디로 날아가서 무엇을 하고 싶나요?

멋진 생각, 멋진 문장, 멋진 단어를 칭찬해보세요!

082

이 글을 쓴 오늘은 년 월 일

나는 오늘 해적선의 선장입니다. 보물을 찾아 떠나는 여행길에 선원 세 명을 데려갈 수 있습니다. 세 명의 선원이 가지고 있길 바라는 능력 세 가지는 무엇인가요? 그 이유도 적어보세요.

멋진 생각, 멋진 문장, 멋진 단어를 칭찬해보세요!

083

이 글을 쓴 오늘은 년 월 일

가장 좋아하는 아이돌 가수는 누구인가요? 내 마음이 담긴 팬레터를 써보세요.

멋진 생각, 멋진 문장, 멋진 단어를 칭찬해보세요!

084

이 글을 쓴 오늘은 년 월 일

내가 가장 좋아하는 게임, 만화, 책의 주인공과 하루를 보낼 수 있는 기회가 생겼습니다. 누구와 어떤 시간을 보내고 싶나요?

멋진 생각, 멋진 문장, 멋진 단어를 칭찬해보세요!

085

이 글을 쓴 오늘은 년 월 일

내 가방 속에 들어 있는 학용품들은 밤 12시가 되면 잠에서 깨어나 서로 이야기를 합니다. 가방 속 학용품(교과서, 공책, 필통, 가위 등)들은 어떤 이야기를 나눌까요?

멋진 생각, 멋진 문장, 멋진 단어를 칭찬해보세요!

086

이 글을 쓴 오늘은 년 월 일

사람의 피부가 투명해진다면 어떤 일이 생길까요?

멋진 생각, 멋진 문장, 멋진 단어를 칭찬해보세요!

087

이 글을 쓴 오늘은 년 월 일

핑크색을 사랑하는 사람들의 모임 '핑사모'에 가입하게 되었습니다. 내일은 핑사모 회원들이 처음으로 만나는 날입니다. 어떤 곳에서 어떤 사람들과 어떤 일을 하게 될까요?

멋진 생각, 멋진 문장, 멋진 단어를 칭찬해보세요!

088

이 글을 쓴 오늘은 년 월 일

내가 적은 대로 점심 급식이 나옵니다. 월요일부터 금요일까지의 식단표를 짜보고 그 이유도 이야기해볼까요?

멋진 생각, 멋진 문장, 멋진 단어를 칭찬해보세요!

089

이 글을 쓴 오늘은 년 월 일

교실에 있는 20개의 책상 중 단 하나만 녹색입니다. 이 자리에는 누가 앉아야 할까요? 왜 그렇게 생각하나요?

멋진 생각, 멋진 문장, 멋진 단어를 칭찬해보세요!

090

이 글을 쓴 오늘은 년 월 일

나는 오늘 한국은행에서 발행된 오만 원짜리 지폐입니다. 앞으로 어떤 인생을 살게 될까요? 편안하게 은행 금고에 누워 있을까요? 아니면 세상을 떠돌아다니게 될까요?

멋진 생각, 멋진 문장, 멋진 단어를 칭찬해보세요!

091

이 글을 쓴 오늘은 년 월 일

내 인생에서 최고로 기억에 남는 사건 세 개와 그렇게 생각하는 이유를 써보세요.

멋진 생각, 멋진 문장, 멋진 단어를 칭찬해보세요!

092

이 글을 쓴 오늘은 년 월 일

내가 지금 80살의 할머니 또는 할아버지라고 상상해보세요. 그동안 어떤 인생을 살아왔나요?

멋진 생각, 멋진 문장, 멋진 단어를 칭찬해보세요!

093

이 글을 쓴 오늘은 년 월 일

내가 살고 있는 집이 생명을 갖게 되었습니다. 집이 이렇게 말했습니다. "혼자 있고 싶어. 나에게서 그만 나가줘." 이 상황을 어떻게 해결해야 할까요?

멋진 생각, 멋진 문장, 멋진 단어를 칭찬해보세요!

094

이 글을 쓴 오늘은 년 월 일

나는 세계에서 가장 빠른 기록을 가진 100미터 달리기 선수입니다. 나의 하루를 설명해주세요.

멋진 생각, 멋진 문장, 멋진 단어를 칭찬해보세요!

095

이 글을 쓴 오늘은 년 월 일

세상에 있는 마스크가 모두 품절되어 이제 솜사탕으로 된 마스크만 남게 되었습니다. 솜사탕 마스크를 쓰면 어떤 일이 생길까요?

멋진 생각, 멋진 문장, 멋진 단어를 칭찬해보세요!

096

이 글을 쓴 오늘은 년 월 일

돌아오는 내 생일에 가장 받고 싶은 선물은 무엇인가요? 꼭 그 선물이어야만 하는 이유가 있다면 무엇인가요?

멋진 생각, 멋진 문장, 멋진 단어를 칭찬해보세요!

097

이 글을 쓴 오늘은 년 월 일

마녀의 물약을 먹고 일개미가 되어 버렸습니다. 내가 일개미로서 해야 할 일은 무엇이고, 하고 싶은 일은 무엇인가요?

멋진 생각, 멋진 문장, 멋진 단어를 칭찬해보세요!

098 이 글을 쓴 오늘은 년 월 일

실수로 서로 다른 색깔과 모양의 양말을 신고 학교에 왔습니다. 내 양말을 보고 친구들이 놀리기 시작합니다. 실수가 아니라 일부러 짝이 다른 양말을 신고 온 이유를 설명하는 글을 써보세요.

멋진 생각, 멋진 문장, 멋진 단어를 칭찬해보세요!

099

✎ 이 글을 쓴 오늘은 년 월 일

나는 새로운 맛의 쭈쭈바를 개발하는 연구원입니다. 오늘 출시한 신제품 쭈쭈바의 색깔, 맛, 모양을 설명해주세요.

멋진 생각, 멋진 문장, 멋진 단어를 칭찬해보세요!

100

이 글을 쓴 오늘은 년 월 일

"하하하. 나는 드디어 이 책을 다 썼다."로 끝나는 짧은 이야기를 써보세요.

멋진 생각, 멋진 문장, 멋진 단어를 칭찬해보세요!

글쓰기 인증서

성 명 :

끝마친 글쓰기 질문 : 개

년 월 일

위의 기재된 내용이 틀림없음을 확인함.

상상력을 키워주는
하루 한 장 초등 글쓰기

글쓰기 동반자 서명